TECNICHE PROIBITE DI PERSUASIONE

Come Analizzare, Influenzare e Manipolare la mente delle persone con l'utilizzo del linguaggio del corpo e della comunicazione persuasiva con nuove Tecniche di PNL.

Dott. Franco Garonna

INDICE

Legale ed esonero di responsabilità

Le informazioni contenute in questo libro e il suo contenuto non sono progettate per sostituire o sostituire qualsiasi forma di consulenza medica o professionale; e non intende sostituire la necessità di consulenza o servizi medici, finanziari, legali o di altra natura indipendenti, come potrebbe essere richiesto.

Il contenuto e le informazioni di questo libro sono stati forniti esclusivamente a scopo educativo e di intrattenimento.

Il contenuto e le informazioni contenute in questo libro sono stati compilati da fonti ritenute affidabili ed è accurato al meglio delle conoscenze, informazioni e convinzioni dell'autore.

Tuttavia, l'autore non può garantirne l'accuratezza e la validità e non può essere ritenuto responsabile per eventuali errori e/o omissioni. Inoltre, vengono periodicamente apportate modifiche a questo libro come e quando necessario.

Ove appropriato e / o necessario, è necessario consultare un professionista (incluso ma non limitato a medico, avvocato, consulente finanziario o altro consulente professionale) prima di utilizzare uno qualsiasi dei rimedi, tecniche o informazioni suggeriti in questo libro.

Quando si utilizzano i contenuti e le informazioni contenute in questo libro, l'utente accetta di tenere indenne l'Autore da e contro eventuali danni, costi e spese, comprese eventuali spese legali potenzialmente derivanti dall'applicazione di una qualsiasi delle informazioni fornite da questo libro.

Il presente disclaimer si applica a qualsiasi perdita, danno o lesione causati dall'uso e dall'applicazione, direttamente o indirettamente, di qualsiasi consiglio o informazione presentata, sia per violazione del contratto, illecito, negligenza, lesioni personali, intenti penali, sia per qualsiasi altra causa di azione.

Accetti di accettare tutti i rischi legati all'uso delle informazioni presentate in questo libro.

Accetti che continuando a leggere questo libro, ove appropriato e / o necessario, dovrai consultare un professionista (incluso ma non limitato al tuo medico, avvocato o consulente finanziario o tale altro consulente, se necessario) prima di utilizzare uno qualsiasi dei rimedi suggeriti, tecniche o informazioni in questo libro.

INTRODUZIONE

In un mondo sempre più frenetico, dominato da ritmi e situazioni troppo ingombranti per avere il tempo di pensare. Costantemente strattonati tra **il desiderio e la responsabilità,** ormai nessuno trova più strano il fatto che i nostri bambini preferiscano guardare la pubblicità piuttosto che i cartoni animati, e che professionisti della comunicazione guidino le nostre decisioni in ogni campo della nostra vita.

Come sia possibile essere arrivati a questo punto, lo può capire solamente chi... fermandosi per un momento a riflettere, volga lo sguardo là dove non si guardava più da moltissimo tempo!

Nel dietro le quinte

Ogni singolo elemento del nostro mondo moderno, ogni singolo tassello di questo enorme puzzle, ha in realtà alle sue spalle una lunga storia, e come una lumaca nel suo cammino, si è lasciato tracce che con le adeguate conoscenze e sensibilità siamo in grado di ripercorrere.

In questo libro cercheremo di risalire a quei semi che germogliando sono diventati l'incredibile foresta di **dogmi e tabù** ai quali oggi siamo tutti sottoposti.

Ti mostreremo dati alla mano, le molte tecniche con cui un uomo può convincerne un altro a fare le cose più disparate.

Ti renderemo inoltre partecipe di alcune delle più importanti tecniche che le classi sociali più elevate, sono riuscite a mettere a punto durante gli ultimi 50 anni, per far fronte al cambiamento dei tempi; ed alla rapida evoluzione che prima la televisione e poi internet hanno imposto nella nostra società.

Non vogliamo semplicemente introdurti all'arte della persuasione, ma anche e soprattutto aprirti gli occhi su come tecniche di manipolazioni anche complesse, rendano la tua vita quotidianamente oggetto di una programmazione studiata a tavolino.

Ogni tuo desiderio, ogni tua aspirazione, ti è stata gradualmente e costantemente inoculata attraverso specifiche e ben oliate tecniche di controllo mentale, da parte di un sistema che ti vuole suo numero ed ingranaggio.

Con questa pubblicazione vogliamo renderti innanzitutto cosciente della tua attuale condizione, e poi fornirti i primi strumenti per la tua liberazione da uno stato di sudditanza psicologica, che oggi intrappola interi strati delle popolazioni moderne ed occidentali.

Vogliamo renderti veramente padrone della tua vita, fornendoti l'accesso ad una cultura e ad insegnamenti, che le classi più elitarie si assicurano di trasmettere ai propri figli! Ti sei mai chiesto come mai i figli dei capitalisti di tutto il mondo frequentino le stesse scuole?

Molto spesso governanti anche di nazioni diverse, sono stati compagni di scuola se non addirittura di classe! E non è raro sentirli raccontare aneddoti in comune!
Alla maggior parte delle nozioni che seguiranno, alle classi più basse è permesso di arrivare solo attraverso l'informazione attiva, ma chi al giorno d'oggi la pratica più?

LA PROGRAMMAZIONE NEUROLINGUISTICA

Lo psicologo Richard Bandler ed il linguista John Grinder si accorsero verso la fine degli anni 60 che alcuni psicoterapeuti avevano più successo di altri.

Molto più successo!

Ciascuno a modo suo! Ed in campi differenti riuscivano là dove altri fallivano:

Virginia Satir era una terapista familiare, **Milton Ericson** uno psichiatra specializzato in tecniche ipnotiche, mentre **Fritz Perls** stava addirittura fondando una scuola di pensiero che continua ancora oggi ad inspirare Psicoterapeuti di ogni angolo del globo.

Una delle loro peculiarità in comune, consisteva nel riuscire ad approcciarsi sempre in modo differente, a problemi simili tra di loro ma in pazienti differenti, riconoscevano cioè l'importanza dell'individualità del paziente, ed adattavano di volta in volta le proprie tecniche.

Ci sembrerà scontato, ma le scienze mediche ancora oggi operano su un modello standard di paziente! E nonostante per esempio le grosse differenze fisiologiche ormonali tra maschio e femmina, non esiste al giorno d'oggi una differenziazione tra le medicine create per gli uni, e quelle create per gli altri, la psicologia in questo senso è moltissimi anni in anticipo, rispetto alla farmacologia, a ad un mondo futuro dove probabilmente le medicine saranno tanto personalizzate quanto le sedute di psicoterapia moderna.

In una recente intervista Robert Cialdini, psicologo statunitense famoso per le sue tecniche di persuasione applicate alle vendite ha detto:

"Alcune persone nascono con un dono! Quello di dire sempre la cosa giusta al momento giusto. A tutte le altre ci tocca studiare ed imparare la tecnica così da rendere l'arte della persuasione una scienza applicata"

Un bravo venditore è prima di tutto un ottimo psicologo! Ma senza attestato ne anni di università.

Fu il padre della psicologia moderna *Sigmund Freud*, ad affermare a più e più riprese quanto uno psicologo per poter aiutare gli altri debba innanzitutto conoscere, ed allenarsi su sé stesso!

E tu conosci te stesso? Sai come funziona la tua mente e da dove vada a pescare le idee che poi senti così intimamente tue? Sono davvero tue quelle idee? per capire di cosa stiamo parlando, proviamo a fare un semplice esercizio mnemonico:

Ricordi l'ultima volta che hai avuto un'ottima idea?

Certo che te ne ricordi!

Ora però soffermati sul momento preciso in cui l'hai avuta... come hai fatto ad averla? L'hai elaborata in qualche modo? L'hai costruita pezzo per pezzo, oppure è sorta così, da sola! Come quando un cantante scrive di getto, oppure un poeta riceve un'illuminazione?

Quando diciamo *"cogliere un'idea"* stiamo rendendo perfettamente giustizia alla realtà, le idee affiorano da uno stato più profondo della nostra mente, sul quale però non abbiamo un controllo diretto! e sul quale la maggior parte di noi, non ha un controllo affatto!

Queste idee sono tue certo! ma lo sono in un modo completamente differente da quanto siamo abituati a credere, molta gente crede di non avere potere su questo processo creazionale e quindi semplicemente aspetta di avere l'idea giusta, altri hanno intuito o imparato con l'esperienza, che alcuni fattori aiutano l'ispirazione più di altri, ma senza mai capirne pienamente a fondo i meccanismi.

Avremo quindi il pittore che si dirige in montagna perché sembrerebbe quella l'atmosfera che ha scoperto funzionare per lui, oppure la persona che per ragionare ha bisogno di camminare in giro per la stanza, chi vuole il silenzio, chi si concentra nel rumore.

Tutti questi modelli di comportamento sono tipici di chi, non capendone bene il perché o il come, ha però notato una certa possibilità di influire sul proprio sistema inconscio.

La PNL o Programmazione Neuro Linguistica mira invece proprio a cercare di capirli questi intimi meccanismi, a perfezionarli e programmarli in modo da averne un controllo più profondo.

LA PRIMA SFIDA DEL PNL

Come creare un metodo che per definizione si basi sul concetto che un metodo non esista?

Che ogni persona sia diversa, che tu stesso sia uno sconosciuto.

Ebbene, questa è appunto la prima sfida che la Programmazione Neuro Linguistica mira ad affrontare, ma andiamo per gradi, ed un passo alla volta vedrai che ogni cosa andrà piano piano al suo posto.

LE MAPPE MENTALI

Bisogna sforzarsi di pensare al cervello umano come una pergamena vuota, quando un bambino inizia a fare le sue prime scoperte la pergamena prende sempre più forma.

In essa vengono a registrarsi tutte le esperienze, quelle negative andranno a creare montagne, fiumi ed ostacoli naturali, quelle positive strade asfaltate da poi ripercorrere più e più volte in futuro.

È questo il modo in cui interagiamo con il mondo! Un uomo saggio non è altro che quell'uomo con più esperienze alle spalle e che si è disegnato la migliore mappa, conosce le migliori strade per arrivare ai suoi obbiettivi e perfettamente la posizione di ogni ostacolo da evitare.

LE 10 REGOLE

1.La mappa non è il territorio

Cosa significa? Significa che la vita quotidiana ci ha abituato ad affidarci completamente su mappe costruite inconsapevolmente e basate in informazioni parziali ottenute chissà quanto tempo fa! Col passare del tempo, ci affidiamo ogni volta di più alle nostre mappe e smettiamo di far caso ad una realtà in continua evoluzione per affidarci a preconcetti e dogmi.

È come se il diventare adulti, comprendesse una sempre più rarefatta attività di rilevamenti geologici sul campo, arrivando al punto di essere come quel generale che chiuso dentro la sua tenda, pretenda di vincere la guerra spostando alfieri e torri su una mappa disegnata.

Usare le mappe mentali non è sbagliato di per sé! È il modo con cui l'evoluzione ci ha permesso di non dover reimparare ad andare in bicicletta ogni volta che ci montiamo sopra!

Il problema però sta quando iniziamo ad utilizzarle, o peggio ancora! a disegnarle in modo inconsapevole, per poi finire con sostituirle completamente alla realtà.

Una mappa mentale è qualcosa di troppo prezioso per lasciare che sia un sottoprogramma della tua mente ad occuparsene e la PNL si concentra proprio su questo punto, è fondamentale avere pieno controllo e consapevolezza delle nostre mappe mentali e non confonderle mai con il vero territorio!

È la mappa a doversi adattare alle continue evoluzioni del nostro intorno, non certo il contrario.

Questo primo concetto basilare ci porta direttamente al secondo capo saldo della Programmazione Neuro Linguistica.

2.La miglior mappa è quella con più strade verso il medesimo obbiettivo

Ogni obbiettivo che ci prefiggiamo di ottenere nella nostra vita, che si tratti di soldi, amore, felicità, famiglia o anche solo di mantenere uno stato emotivo equilibrato e salutare; ha molti modi di essere raggiunto! Questo semplice concetto è tanto vero nella realtà dei fatti quotidiani, quanto ignorato dalla maggior parte delle persone adulte nel mondo!

Il trader finanziario che riesca ad avere successo con una tecnica, continuerà ad applicarla sempre identica, ignorando l'evolversi del suo intorno, fino a che ad un certo punto si ritroverà impantanato in una **ciclica e prevedibile** crisi globale... che però nessuno aveva visto arrivare!

Per la stessa ragione, quando un nuovo metodo innovativo viene scoperto fatica sempre ad affermarsi!

Nonostante gli evidenti vantaggi la gente non è abituata al suo utilizzo e servono sempre pionieri di ogni settore (generalmente persone giovani) prima che anche gli altri si convincano a provarci!

Pensiamo al cellulare e quante persone si neghino ancora oggi ad impararne l'utilizzo!

Abituare sé stessi a non fossilizzarsi su nessun metodo acquisito è il modo migliore per mantenere la propria mappa in costante aggiornamento, o per dirla in altri termini *"La mente sempre giovane"*, sono infatti la curiosità e lo scarso attaccamento a schemi di pensiero, che spesso fanno da distinguo tra il giovane ed il vecchio.

3.Ogni azione si origina da un'intenzione positiva

E qui ci si comincia ad addentrare più in profondità nel metodo della PNL e nei suoi obbiettivi!

La Programmazione Neuro Linguistica nasce con il chiaro obbiettivo di riuscire ad intervenire su comportamenti sbagliati che portano a risultati sbagliati!

Il bambino che rompa i propri giocattoli perché lo fa? Per quale ragione il fumatore fuma? E cosa spinge il cleptomane che senza alcuna necessità economica, si intaschi ogni penna che trova?

Spesso per ignoranza o per la fretta, si tende a voler correggere solo il sintomo di un problema comportamentale.
E cioè il comportamento stesso, senza però scavare mai a fondo sulle ragioni scatenanti:

Il genitore sgriderà il figlio, il fumatore inizierà un inutile astinenza forzata ed al cleptomane... be a lui quando ciò che ruba è solo una penna probabilmente non verrà nemmeno detto nulla.

La PNL suggerisce invece che dietro al rompere i giocattoli del bambino ci sia un bisogno positivo che lui cerca di soddisfare, è solo che non ha trovato un modo diverso per raggiungerlo; il fumatore perché fuma? Siamo sicuri che tutti fumino per la stessa ragione?

Naturalmente questo lavoro può essere applicato sia sugli altri, che su sé stessi!
Un bravo genitore infatti dovrebbe cercare di capire cosa ci sia dietro al gesto del suo bambino ignorando il gesto di per sé.
Mentre il fumatore applicherebbe la PNL alla sua dipendenza, se una volta capito cosa lo spingesse a fumare, riuscisse ad andare a

sostituire il comportamento dell'accendersi la sigaretta con un altro che porti ad appagare in modo differente la stessa pulsione!

Questo concetto così facile da spiegare è uno dei più difficili da applicare, Sigmund Freud ha dedicato la sua intera vita alla conoscenza ed interpretazione dell'animo umano!

Quasi mai quel che crediamo di volere corrisponde a quel che vogliamo; pochissime persone al mondo sono così **sincere con sé stesse**, risultando in ultima istanza molto più facile arrivare alla risposta del perché qualcun altro faccia quello che fa, piuttosto del perché lo facciamo noi!

In PNL come in ogni altro ramo della psicologia, risulta più facile essere psicoanalizzati che psicoanalizzarsi, quello che stai per intraprendere è quindi un viaggio molto difficile, la cui strada è lastricata di fallimenti, ma è l'unico possibile quando l'obbiettivo sia un controllo profondo dei propri schemi mentali.

4.La struttura dell'esperienza

Ogni esperienza fatta che poi archiviamo come ricordo è composta da molteplici fattori, oltre al risultato ottenuto, le cause scatenanti e le conseguenze, abbiamo la registrazione più o meno accurata di ciò che i nostri 5 sensi hanno percepito. Tutto questo complesso sistema interdipendente di informazioni va a creare la

struttura di ogni nostra esperienza, mentre il modo in cui interpretiamo ogni esperienza, va a disegnare una mappa **mentale specifica**.

Se quindi immaginiamo di partire dalla superficie e volessimo inoltrarci sempre più in profondità nella nostra mente, troveremmo per prima cosa un comportamento, dietro al quale ci sarà necessariamente una mappa mentale, la quale a sua volta organizza varie esperienze messe insieme da strutture! Quando si vuole correggere un comportamento, più in profondità si interviene e tanto più definitivo sarà il risultato!

Una volta identificata una data struttura e quindi tutto ciò che la compone, basterà modificarne gli elementi per avere un risultato differente.

A questo punto però è d'obbligo ed imprescindibile, una piccola parentesi per riuscire a procedere con la nostra esplorazione!

Per semplicità di comprensione dividiamo le persone in 3 grandi gruppi.
*Questi gruppi nella realtà naturalmente **non esistono.** E non sono comunque mai divisi in modo così netto, ma comprendere ciò che segue è di vitale importanza per poter intervenire efficacemente con la PNL*

A) Visivo

Diremo che è del tipo visivo, quella persona od esperienza che basi tutto su ciò che vede a discapito degli altri sensi!

Lo conosciamo tutti il tipico archetipo della persona visiva!

Parla sempre velocemente, come se avesse davanti agli occhi così tante immagini da descrivere che le parole non fossero mai abbastanza!

È come se avesse in rapido scorrimento, la pellicola di un film davanti e dovesse raccontarlo mentre viene trasmesso! Potrebbe tendere durante le sue spiegazioni a volerci disegnare o mostrare su di un foglio quel di cui sta parlando, gesticola molto, ha l'abitudine a spostarsi in avanti mentre parla, porta le braccia verso l'esterno come se volesse sempre fare un disegno con esse, di ciò che dice.

Il tipico visivo userà frasi come "non vedo l'ora", "mettere a fuoco un idea", "ne ha combinate di tutti i colori" e così via!

Le persone di questo genere sono caratterizzate da un incontenibile energia, sono abilissimi osservatori, arrivando a notare dettagli che normalmente nessun altro avrebbe nemmeno visto.

B) Auditivo

Come ormai avrai capito, il tipo auditivo invece basa tutto sull'udito! Avremo in questo specifico caso persone molto più calme e controllate, che parlano in maniera regolare... anzi! Quasi ritmata.

Persone che prestano una grandissima attenzione alle parole da utilizzare, e legano la maggior parte delle proprie esperienze emotive ai suoni ascoltati, imparano presto una canzone, sono introversi e riservati!

Le persone di questo tipo si muovono con gesti molto più ponderati, utilizzano nei loro discorsi, lo schiocco delle dita ed espressioni come "gliel'ho fatto capire forte e chiaro!"," bisogna prestare orecchio a..", "boom tecnologico".

Le persone di questo genere inoltre, si ricordano di ogni evento i relativi suoni, e legano ad ogni canzone una emozione precisa e facilmente rievocabile dal suonare di data canzone.

C) Cinestesico

I cinestesici sono coloro i quali basano tutto sul resto dei sensi! Vedono il mondo attraverso il tatto, il gusto e l'olfatto! Tutto è riportato a queste sensazioni, e tutto è emotività.

Riconoscerai il cinestesico per la sua respirazione lunga e rilassata, il tono di voce basso, l'abitudine a toccarsi il petto o il naso, le orecchie la pancia La testa, e la tendenza a cercare il contatto con l'interlocutore!

Pacche sulla spalla, strette di mani, abbracci! Sono per loro fondamentali e di grandissimo valore.

Espressioni rapidamente riconoscibili come cinestesiche possono essere "tagliare corto", "ho la pelle d'oca" e cose di questo genere

Infine, le persone Cinestesiche tendono ad avere poco interesse per i dettagli e risultano essere individui assolutamente spontanei e passionali!

Ora che abbiamo inquadrato questi tre gruppi, non resta che mischiarli tra di loro per ottenere una persona vera!
In occidente per esempio un maschio adulto verosimile è così composto

- 55% visivo
- 30% uditivo
- 15% cinestesico

Ma nessun tipo di combinazione diversa dovrebbe sorprenderci.

Chiusa questa breve parentesi, possiamo tornare al nostro argomento di studio precedente:
-*La struttura dell'esperienza*
Un'esperienza, proprio come una persona si compone di quegli stessi elementi di cui sopra!
E capirlo è fondamentale, perché sono proprio quelli gli elementi su cui si cerca di andare ad agire attraverso il metodo della PNL.

Facciamo un però un rapido esempio:

Ciascuno di noi ha ricordi ed esperienze che gli provocano dolore, la maggior parte delle volte riusciamo a controllarle, ma può capitare che continuino ciclicamente a tornarci in testa risultando in alcune fasi della nostra vita, un vero e proprio tormento, oltre che un concreto impedimento e distrazione dal raggiungimento dei nostri obbiettivi.

L'esercizio di Programmazione Neuro Linguistica consiste nel prenderci un po' di tempo più volte al giorno, e sforzarci per rivivere (questa volta volutamente) quell'esperienza in tutta la sua negatività.
Poi però provare a modificarne una componente.
Per esempio si potrebbe provare con la componente auditiva, potremmo prendere in questo caso la canzone che più amiamo e procedere a spararcela in cuffia.
Mentre la stiamo ascoltando bisogna ancora una volta sforzarsi di tornare a rivivere quell'esperienza negativa.
Se sei una persona abbastanza uditiva noterai immediatamente la differenza!
Il passaggio successivo consisterà nel ripetere l'intera operazione ma senza le cuffie, semplicemente richiamando alla mente la canzone più bella insieme all'esperienza che si voglia **depotenziare**.
Il concetto di base della Programmazione Neuro Linguistica consiste nel fatto che ripetere questa operazione la renderà sempre più automatica e profonda nella nostra mente fino al punto che non sarà più necessario forzare questo esercizio, a quel punto

avrai modificato la struttura di quell'esperienza e con essa la tua mappa mentale!

L'esperienza sarà sempre lì con tutto il suo ricordo, ma la carica emotiva non sarà più così rilevante da renderti la cosa dolorosa.

Naturalmente **a livello psicologico ci sono molti altri metodi** per ottenere lo stesso risultato, e sarebbe anzi auspicabile scendere ancora più in profondità per risolvere un problema.

La Programmazione Neuro Linguistica non pretende di sostituirsi a nessun medico specializzato! Ma ci dà dei validissimi strumenti per riuscire a conoscere meglio noi stessi e gli altri, di modo da poterci districare tra i sistemi e sottoprogrammi che portano ciascuno di noi a fare ogni cosa che facciamo, o a sentire in un certo modo ogni singola esperienza.

5.Ogni problema ha una soluzione

Questo punto è un vero e proprio pilastro portante della PNL e ci porta a sforzarci costantemente nel cambiare punto di vista! Il fatto di non trovare una soluzione non significa mai che non ci sia! Ma semplicemente che non l'abbiamo ancora trovata!

Tornando alla nostra rappresentazione di mappa, la soluzione consiste in una strada asfaltata, o comunque in una via da percorrere, ed il fatto che un problema ci sembri irrisolvibile vuole semplicemente dire che non abbiamo ancora disegnato la giusta mappa!

Infatti stando alla prima regola della PNL *"la mappa non è il territorio"* l'impossibilità di trovare una soluzione, e quindi l'assenza di una strada nella nostra mappa mentale, non dovrebbe in nessun modo suggerire un'effettiva assenza nel mondo fisico di tale strada, ma semplicemente dimostra che la nostra mappa non è stata ancora adeguata a quel determinato problema!

Molto spesso è come voler capire il flusso di un fiume sotterraneo, ma guardando una foresta pluviale attraverso delle fotografie satellitari!

Questo di certo non deve essere frainteso col credersi onnipotenti! Ci sono molti problemi la cui soluzione non saranno mai alla nostra portata! ma è sempre per una mancanza di mappa, non per una effettiva assenza di possibilità nel mondo reale.
Capire la differenza tra impossibile da risolvere, e "non ancora risolto" implica una differenza concettuale gigantesca!
Nella Programmazione Neuro Linguistica l'uso di questo tipo di parole è molto importante per abituare la nostra mente ad affrontare le difficoltà quotidiane con la giusta elasticità.

Questo genere di elasticità nel modo di approcciarsi al mondo che ci circonda, per alcune persone è più facile che per altre!
In generale la difficoltà è radicata nel fatto che una visione del genere ci costringe ad ammettere di essere quasi sempre

inadeguati, ed un simile presupposto tende a ferire l'ego di chi è stato cresciuto con l'idea di dover essere sempre, comunque ed a prescindere più forte degli eventi!

La Programmazione Neuro Linguistica basa tutto il suo funzionamento sulla flessibilità, che è il contrario di *"forza"*.

Una celebre frase di Albert Einstein, una volta tradotta suonava più o meno così:

Tutti sanno che una cosa è impossibile da realizzare, finché arriva uno sprovveduto che non lo sa e la inventa.

Forse Albert Einstein conosceva la PNL? Certamente no! Ma è comunque vero il contrario.
La PNL è stata sviluppata studiando le migliori menti ed i migliori esempi di successo della nostra specie.
La PNL conosce quindi Einstein! e quella celebre frase sembra fatta apposta per spiegare questo nostro quinto punto "ogni problema ha una soluzione"

Il grande scienziato che è implicito in quei "tutti" dell'esempio di Einstein è così legato alle proprie mappe mentali da giudicare alcune cose come **impossibili**! Semplicemente perché manca della sana umiltà necessaria per ammettere la propria inadeguatezza a certi tipi di problemi!

Nella PNL l'umiltà di spirito è necessaria per creare i giusti presupposti ad una crescita costante, mentre la presuntuosità di chi giudica impossibile tutto ciò che egli non riesce a fare, finirà con imprigionarlo per sempre tra le proprie mappe, ed è esattamente ciò che la Programmazione Neuro Linguistica mira a scongiurare.

6.Ciascuno ha la forza di cui ha bisogno

Questo punto è quasi una sfumatura del precedente! Se hai intimamente accettato il punto 5, e sei disposto ad 'ammettere quanto le tue mappe mentali vadano costantemente aggiornate per riuscire a far fronte ai problemi della vita, o per raggiungere obbiettivi sempre più alti, allora non avrai mai difficoltà a raccogliere le forze per affrontare qualunque avversità.

Sia che si tratti di dover modificare completamente le tue convinzioni pur di raggiungere la meta, oppure accettare un nuovo stato delle cose che però urta la tua normale disposizione mentale, riuscirai sempre nel tuo obbiettivo facendo riferimento al punto 5!

Julio Iglesias (i più giovani probabilmente ne conosceranno meglio il figlio Enrique) era un promettente portiere del Real Madrid, ma all'età di soli 20 anni il giorno prima del suo compleanno soffrì di un terribile incidente automobilistico!

Si risvegliò il giorno dopo in ospedale con il più terribile dei verdetti! *Lesione spinale.*

Probabilmente Julio, non sarebbe mai più riuscito a camminare. I suoi sogni di successo nel mondo del calcio sono andati in frantumi, e la sua vita ne è risultata completamente in pezzi.

Ma Julio Iglesias ha trovato la forza di accompagnare gli eventi, ha dovuto lottare anni per riprendere a camminare.

Per riprendere invece il controllo delle mani ha iniziato, quando era ancora in ospedale ad imparare l'uso della chitarra! Ed è così che ancora prostrato in un letto, con una chitarra tra le mani compose la sua prima canzone! "la vida sigue igual" LA VITA COMUNQUE CONTINUA!

Nel 2013 Julio è stato riconosciuto come l'artista latino che ha venduto più dischi nella storia della musica, ma non è questa la parte importante della storia! E nemmeno lo è il fatto che sia riuscito a lasciarsi la sedia a rotelle alle spalle. Avrebbe anche potuto non essere così fortunato ed il suo esempio ci servirebbe comunque

La parte che più ci ha colpito di questa storia, quella parte che realmente ci interessa ai fini della PNL è come un ventenne portiere di una delle migliori squadre al mondo, visti tutti i suoi sogni infranti, sia riuscito a **trovare le forze per cambiare** così rapidamente mappe mentali da dedicarsi immediatamente ad altro, e mantenere comunque l'equilibrio che lo ha poi in effetti portato ad un successo senza mai rimpianti!

7.Corpo e mente formano un unico connubio

Questo punto della PNL è stato oggetto di attacchi feroci e fin troppo strumentalizzato da parte dei suoi detrattori (ovviamente, anche per questo tipo di cose i detrattori non mancano mai) In sostanza qui si rivendica semplicemente quanto corpo e mente siano un'unità indissolubile e che quindi ciò che accade all'uno si rifletta anche sull'altro!

La PNL si sofferma poi sul fatto che, visto e considerato questo indissolubile rapporto di reciprocità, il mantenersi positivi nello spirito è di sicuro aiuto per il corpo!

Non c'è davvero nulla di rivoluzionario in queste affermazioni! E non si vuole spingere nessuno a fare a meno dell'aiuto medico quando necessario! Ma è evidenza di tutti i giorni oltre che confermato da decine di studi scientifici, i cui risultati sono di pubblico dominio, quanto una mente sana aiuti il corpo a mantenersi sano!

Mens sana in corpore sano

Il 12 luglio del 2017 nella rivista Nature, è stato pubblicato un Paper del dottor Claudio Doglioni, Direttore dell'unità di anatomia dell'ospedale San Raffaele di Milano e docente presso l'università Vita dello stesso San Raffaele, nel quale si rendeva di pubblico dominio le scoperte ottenute mediante le ricerche del suo gruppo. Il Professore confermava scientificamente qualcosa che filosofi e psicologi, avevano già intuito da molto tempo, la Dopamina (detto anche ormone della felicità) è parte essenziale per una pronta risposta del nostro sistema immunitario!

Sigmund Freud ha nella sua carriera, dimostrato l'esistenza di moltissime malattie psicosomatiche, a prima vista e ad un occhio non allenato, difficilmente riconoscibili dalle malattie organiche!

Con tutto questo, è bene sottolinearlo! Non stiamo in nessun modo dicendo che con la PNL si diventi immuni a qualunque malattia!
Allo stesso modo che del sano esercizio in palestra non ti renderà mai più forte di Superman, né più veloce di Flash. Ma ti renderà certamente più forte di prima che iniziassi con la tua sessione di addominali quotidiana, anche una mente in salute non ti renderà certo immune alle malattie, ma sicuramente meno vulnerabile rispetto a chi di queste cose non ha mai nemmeno sentito parlare.

8.Il risultato dà valore alla comunicazione

Nella PNL la comunicazione, e quindi il linguaggio sottostante sono solo strumenti per un fine! Se il fine non viene raggiunto lo strumento ci si deve necessariamente adeguare!

Nel tipico esempio del bambino che faccia i capricci, il genitore dovrà provare vari sistemi di comunicazione e solo in base al risultato decidere quale sia il più adatto a quella particolare situazione. La comunicazione, proprio come ogni altra cosa nella Programmazione Neuro Linguistica deve sapersi adattare ad un intorno sempre in evoluzione.

L'arte del saper comunicare per indurre gli altri ad andare verso il risultato da noi sperato, l'arte cioè della persuasione è qualcosa che con la PNL vanno a braccetto!

A saper essere persuasivi, lo si impara col tempo e l'esperienza! Ma si tratta soprattutto di qualcosa che non si smette mai del tutto di imparare! Ogni situazione è diversa ed i nostri schemi di comportamento come di comunicazione devono essere sempre pronti a modificarsi.

Naturalmente questo è vero, sia quando si applica la Programmazione Neuro Linguistica per cercare di persuadere qualcuno che quando la si vada ad applicare su sé stessi!

Persino con noi stessi trattiamo, e cerchiamo di convincerci a fare o credere in una certa cosa o in quell'altra. Il concetto non cambia! Il tipo di comunicazione dovrà adattarsi e cambiare in base al soggetto da convincere ogni qual volta il risultato tardi ad arrivare.

9.La sconfitta non esiste, tutto è opportunità

La PNL insegna che tutto è un divenire, ogni cosa che noi facciamo va contestualizzata in un cammino di apprendimento!
Alcuni psicologi anche rinomati hanno fortemente contrastato questo punto! "Bisogna saper piangere la morte dei propri sogni" è stato detto, "la PNL nasconde la polvere sotto il tappeto" Invece l'accettare la sconfitta non è un problema di per sé nella Programmazione Neuro Linguistica, il vero problema sta quando da una sconfitta non si riesca a trarre nessun insegnamento, oppure nella resa troppo frettolosa di chi non sa perseverare.

Quando una persona cara muore, ne piangiamo la perdita ma resta in noi la sua eredità spirituale! Ne possiamo anche accettare ad un certo punto l'assenza fisica, ma i suoi insegnamenti, i ricordi e la sua essenza restano vivi per sempre dentro di noi. È questo che ci conforta ed aiuta a superare il vuoto lasciato.

L'eredità che lascia un sogno è una lezione imparata! Spesso dura e crudele, ma pur sempre un'importantissima esperienza!
Da ogni sconfitta va' tratto un insegnamento, ed in questo modo le sconfitte non esisteranno, i sogni non moriranno mai.

Secondo Robert Cialdini non ci si avvicina ad un obbiettivo andando a ZIG ZAG, ma con movimenti concentrici che finiscono col formare un'aspirale sul cui centro abbiamo il nostro obbiettivo da raggiungere.

Bisogna imparare a girarci attorno alle cose, non arrendersi e provare da diverse angolazioni, ma sempre facendo tesoro delle esperienze passate. Ad ogni errore un nuovo giro, di volta in volta più vicino all'obbiettivo.

Spesso i migliori giocatori di scacchi quando si ritrovano bloccati in situazioni complesse, si alzano e girano intorno al tavolo! Guardano il loro obbiettivo da un'altra prospettiva, e magari quel pedone perso, potrebbe risultare non essere poi una così grande tragedia come sembrava, ma anzi un'opportunità da cogliere e sfruttare.

Micheal Jordan prima di diventare l'atleta di successo e fama mondiale che tutti conosciamo, è stato rifiutato dalla squadra di basket della sua scuola, una sua celebre frase riassume il nono punto della PNL

Ho fallito una volta dopo l'altra nella mia vita! Ed è per questo che ho vinto alla fine

Ai **Beatles**, la prima casa discografica con cui hanno avuto rapporti la "Decca Recording" aveva detto chiaro e tondo *"Non ci piace la vostra musica; non ha futuro"*

E che dire di **Steven Spielberg**? È stato rifiutato ben 2 volte nel corso di Arti cinematografiche dell'università del Sud California! La più prestigiosa ed ambita da chiunque aspirasse ad entrare nel mondo dello spettacolo, questo non è però bastato a fermare quella che poi sarebbe stata tra le più brillanti carriere del cinema moderno.

Tutte queste sono storie straordinarie solo perché appartengono a personaggi famosi, ma la realtà è che non c'è niente di straordinario nel fatto che alla fine la perseveranza finisca per prevalere!

L'unica condizione *'sine qua non' per il successo in questo genere di situazioni,* consiste nel fatto che la perseveranza non deve cascare nella inefficiente testardaggine! Come dicevamo appunto sopra, la Programmazione Neuro Linguistica, non ripudia il fallimento di per sé, ma esalta l'importanza di una sana e ragionata tenacia e perseveranza.

Steven Spielberg per esempio dopo essere stato rifiutato la seconda volta, non ha provato una terza, ma si è iscritto ad un'altra accademia e da lì ha cercato una via diversa per entrare nel mondo che voleva.

E questa considerazione ci porta all'ultimo punto di questa lista:

10.Se una cosa non funziona bisogna provare qualcos'altro

Detto in altre parole, non aspettarti risultati differenti da procedimenti che sono identici!

La testardaggine può essere un grande pregio! Aiuta concretamente in moltissime situazioni della vita, ma quando è troppa diventa un peso difficile da sostenere anche per la più brillante delle intelligenze.

In particolar modo, diventa difficile gestire la testardaggine, quando si associa ad un Ego specialmente ingombrante!

Ha senso insistere provando e riprovando, solo se si è convinti di aver sbagliato qualcosa nell'esecuzione! Ma nei casi in cui l'esecuzione del piano sia stata impeccabile e comunque non ha funzionato, bisogna saper lasciar cadere il piano! Fare tesoro dell'esperienza acquisita ed essere pronti a modificarlo.

L'immagine dell'avvicinamento per spirali rende perfettamente l'idea e deve essere il modello di comportamento al quale ispirarsi nella Programmazione Neuro Linguistica.

Jeff Bezos, il fondatore di AMAZON lavorava in una banca di investimenti prima di intraprendere la meravigliosa avventura di creare una cosa nuova!

Per sua stessa ammissione l'esperienza fatta quando lavorando in banca gestiva gli investimenti dei suoi clienti, è stata preziosa all'ora di partire con la creazione del portale oggi così famoso.

Arnold Schwarzenegger ha certamente utilizzato tutto ciò imparato nel mondo dello spettacolo, e capitalizzato ogni suo contatto, quando ha deciso di lanciarsi in politica per fare il Governatore della California (massimo grado concesso a chi come lui non sia nato in America).

Nemmeno **John Grisham** scrittore di fama mondiale, con oltre 250 milioni di copie vendute in tutto il mondo, ha avuto paura di abbandonare i suoi vecchi piani nel momento in cui decise di mollare una promettente carriera da avvocato per dedicarsi alla scrittura.

Nessuno di loro si è intestardito su una particolare strada quando l'obbiettivo tardava ad arrivare! Nel loro caso l'obbiettivo era chiaramente la **felicità personale**, dato che a livello lavorativo avevano un discreto successo già prima. Ma il medesimo concetto si applica a **qualunque obbiettivo** che ci mettiamo in testa di voler raggiungere.

Che tu stia cercando una brillante carriera lavorativa, convincere un cliente a siglare l'agognato contratto, o semplicemente trovare il tuo posto nel mondo la Programmazione Neuro Linguistica, sarà sempre un valido supporto all'elaborazione di un preciso piano d'azione.

ESERCIZI PRATICI DI PNL

La Programmazione Neuro Linguistica è un metodo nato per ri-programmare a livello inconscio, quei sistemi automatici che il nostro cervello mette in pratica, la dove il risultato di questi sistemi non ci siano favorevoli, come ad esempio preoccupazione eccessiva, ansia e fobie.

Quel che seguiranno sono alcuni esempi di esercizi, fermo restando però che ogni persona è profondamente differente da un'altra, e ciò che funziona per molti, potrebbe essere inutile per tanti.

Se entrare nella testa di chiunque e riprogrammarla, fosse così semplice come eseguire una ricetta scritta in un libro, allora tutto il mondo scientifico riguardante la psicologia non avrebbe nessun senso!

Prendi quindi gli esercizi che seguiranno come quel che sono! Esempi pratici di uno dei tanti modi per applicare la teoria imparata.

1.Ancoraggio

Questo è un classico esercizio che consiste nel crearsi una via di fuga da situazioni di stress, faremo un esempio di ancoraggio cinestesico, ma può essere fatto su base anche visiva o auditiva.

1) Scegli un elemento scatenante cinestesico, come per esempio toccarsi la punta del pollice con l'indice.

2) Trova un ricordo particolarmente emotivo e coinvolgente! Il tuo primo bacio ad esempio! Oppure l'abbraccio della buonanotte al tuo figlioletto.

3) L'esercizio consiste nel rievocare ancora ed ancora quello stesso ricordo, ripetendo ogni volta l'elemento scatenante scelto

4) Quando ti troverai in situazioni stressanti, come per esempio dover parlare in pubblico, oppure un esame importante, ti basterà unire pollice ad indice per scacciare la preoccupazione e dare alla tua mente, quello stato di pace così necessario quando hai bisogno di concentrarti sull'obbiettivo.

2.Calibrazione

Saper calibrare lo stato di un'altra persona, consiste nell'essere in grado in interpretare i suoi segnali ed i suoi stati emotivi.

Va da sé che nella vita di tutti i giorni non si possa chiedere a chiunque de farsi calibrare, ma questo esercizio da farsi con l'aiuto di un amico compiacente, ti servirà per iniziare un processo di apprendimento che poi dovrai saper continuare applicandolo alla vita di tutti i giorni.

1) Sedetevi l'uno di fronte all'altro e poni al tuo interlocutore domande assolutamente neutre, come per esempio: "di che colore ho le scarpe?". Qui l'obbiettivo è osservare e capire quale sia il suo stato neutro, per poi individuare e riconoscere l'impatto che le emozioni hanno sul suo corpo.

2) Chiedi al tuo amico di evocare nella sua mente, una persona che ha molto a cuore, e di ricordare la situazione più coinvolgente avuta con questa persona, lascia che si immedesimi totalmente nella situazione e prendi nota in un quaderno dei cambiamenti che riesci a notare, come per esempio gesti, espressioni, posizione del corpo, respiro; ma anche colore della pelle, dilatazione delle pupille. Più dettagli riesci a trovare e meglio è.

3) In questo punto cerca un'interruzione (o rottura) di stato, e cioè di interrompere completamente quel sistema emotivo in lui. Puoi chiederli di alzarsi e descriverti quel che vede, oppure fargli una domanda completamente fuori contesto: "come stanno tutti in famiglia?" qualunque cosa lo distolga dall'esperienza che stava evocando

4) Adesso dovrai ripetere il punto 2, ma con un'esperienza e persona negativi.

Il ripetere questo esercizio ti servirà per iniziare a capire cosa devi cercare nelle persone, pur sapendo però che stati del corpo identici, possono corrispondere ad emozioni diverse in persone differenti.

3.Elimina le fobie

Devi tener presente, che una fobia è il sistema col quale il tuo subconscio riesce a sfogare un problema profondo ed inconfessabile, talmente inconfessabile che il primo a non poterlo identificare sei tu!

Con la tecnica del PNL riuscirai ad eliminare lo sfogo ma non il problema sottostante, e col tempo il tuo subconscio troverà sicuramente un'altra via per sfogarsi, quello che ti insegneremo è quindi una cura palliativa per un problema che dovresti cercare di risolvere con sistemi che arrivino molto più in profondità di quanto è alla portata della PNL.

Detto questo però certe volte le fobie risultano molto invalidanti, e la vita quotidiana non può attendere che si impari a risolvere problemi così complessi, che la maggior parte di noi non li affronta mai in tutta la propria vita.

La PNL è un modo per convivere temporaneamente con questi problemi senza che ci rendano la vita impossibile.

1) Per prima cosa devi immaginarti la scena che più paura ti fa, per esempio se si tratta di fobia dei ragni immagina un

ragno che si avvicina nella tua direzione, concentrati bene su questa cosa ed immagina tutta la scena fino alla fine, e cioè fino a che il ragno ti raggiunge.

2) Adesso tutta questa scena incorniciala in uno schermo da cinema, ed immagina di essere fuori dal tuo corpo! Vedi te stesso seduto in un cinema vuoto e la scena trasmessa sullo schermo

3) Ora si tratta di cominciare a depotenziare la scena, rendendola per esempio in bianco e nero, e muta

4) Ritorna nel tuo corpo ed immagina nuovamente tutto in prima persona ma con la scena depotenziata! Sei nel tuo corpo ma vedi tutto in bianco e nero

5) Nel momento culminante della tua paura ferma tutto e ritorna indietro fino all'inizio del film, devi sforzarti di restare concentrato e di vedere tutto il film che viene trasmesso al contrario: il ragno torna indietro, tu esci dal tuo corpo e ti ritrovi a vederti da fuori, seduto nel cinema, che guardi la prima scena, e cioè il ragno che è ancora un puntino in lontananza.

6) Ripeti l'esercizio 1 o 2 volte al giorno

Depotenziare l'immagine serve a renderti il tutto più sopportabile.

L'esercizio deve in effetti essere per te una situazione in ambiente controllato, e non la più viva ed insopportabile situazione di stress.

La scena che viene trasmessa al contrario è invece il vero fulcro di questo esercizio, e rappresenta l'eliminazione vera e propria della fobia.

Ripetendo quotidianamente questo esercizio, noterai che la sensazione di folle paura sarà sempre meno presente in te, fino al punto che diventerà più che controllabile e per niente invalidante.

Ma ricorda! Se avevi una fobia un motivo c'era, con l'aiuto della PNL puoi limitarti a combattere gli sfoghi derivanti da quel problema, ma dovrai addentrarti molto di più nello studio della psicologia se vorrai risolvere a livello inconscio il problema che c'era dietro.

PNL E PERSUASIONE

Premesse

La tecnica di Programmazione Neuro Linguistica nasce inizialmente come strumento aggiuntivo da mettere nelle mani di **professionisti della psicoterapia**, per poi evolversi in uno dei più validi strumenti di autoanalisi a disposizione nel mondo moderno ed occidentale!

Un altro ramo dello stesso albero forse molto più affine, al primo originale intento che alla sua successiva evoluzione, è la Programmazione Neuro Linguistica applicata alle vendite.

Quando cerchiamo di vendere un prodotto, o più in generale una qualunque idea, quello che in realtà stiamo facendo è persuadere l'altro a comportarsi in un determinato modo.
Che si tratti del rapporto tra venditore di profumi e cliente, oppure la figlia che voglia ottenere per una volta, l'esenzione dal coprifuoco, il concetto resta lo stesso!

A ben pensarci il concetto è lo stesso anche quando si tratta dello psicoterapeuta, che cerca di persuadere il proprio paziente ad abbandonare comportamenti negativi in favore di altri più produttivi, ed è per questa ragione che troviamo la **PNL applicata alle**

vendite come qualcosa di ancora molto fedele alle proprie origini.

Da qui in avanti ci capiterà spesso di usare termini come "venditore" o "cliente" ma è chiaro che, nella vita quotidiana siamo tutti venditori, ogni volta che vogliamo qualcosa da qualcun altro, e tutti clienti di qualcuno quando gli altri vogliono qualcosa da noi. Che sia far colpo sul partner dei nostri sogni, ottenere un posto di lavoro oppure vendere un'enciclopedia tascabile i concetti sono i medesimi.

In Generale un **bravo** venditore che però non sia stato addestrato al metodo della PNL è comunque cosciente di doversi guadagnare in qualche modo la fiducia del suo cliente prima di passare alla trattativa di vendita vera e propria! Applicherà dunque tecniche come l'ascolto attivo, oppure l'emulazione dei gesti del suo interlocutore cercando di porsi sul suo stesso piano e scatenare un moto di empatia reciproca.

La PNL non ripudia nessuna di queste tecniche, posto che in Programmazione Neuro Linguistica ciò che conta è il risultato.
In sostanza se ciò che fai ti porta già a ciò che vuoi allora... ciò che fai va più che bene!
Fatta questa doverosa considerazione, è chiaro che la PNL applicata alle vendite va inserita quindi in un contesto preesistente,

come uno strumento aggiuntivo a qualunque altra tecnica di persuasione.

Ciascuno di noi dal momento in cui ha emesso il suo primo vagito ha cominciato a sperimentare la sua **personale tecnica di persuasione**! Non esiste quindi persona al mondo senza una preesistente tecnica volta a persuadere gli altri.

Prima di entrare nel vivo di questo argomento è bene fare un passo indietro e descrivere in un quadro generale, alcuni processi mentali che è indispensabile comprendere a fondo per poter mettere in pratica tutto ciò di cui parleremo in seguito.

Come funziona la mente umana

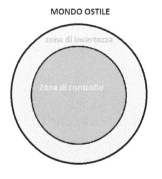

Ogni persona su questa terra, anche se con diversi gradienti e diverse modalità tende a classificare l'universo dei suoi simili in base a quanto creda di avere il controllo su di essi! Ciascuno di noi si sente molto più a suo agio quando parla con qualcuno che crede di poter controllare, come può essere un amico, piuttosto che quando si ritrova a parlare con uno sconosciuto, dalle intenzioni ignote ed il comportamento imprevedibile!

Volendo quindi, per praticità di esposizione, semplificare **moltissimo** questo concetto, possiamo dire che ogni persona classifica gli altri in base a 3 grandi gruppi ben distinti tra di loro!

❖   Mondo esterno ostile
❖   Zona intermedi di incertezza
❖   Zona interna di controllo

Ogni tecnica di persuasione mira a porci nella zona di controllo del nostro cliente!

Infatti se e quando lui crede di poter ottenere qualcosa da noi, è chiaro che sarà più disposto a cedere ed ascoltare. Non sentendosi per niente in situazione di pericolo diventerà molto più ragionevole e malleabile, esattamente nello stesso modo in cui un figlio riesce a controllare il padre, irretendolo nell'illusione che sia lui ad avere il controllo, così il bravo venditore otterrà ciò che vuole accarezzando l'ego del suo cliente.

È a questo punto che entrano in gioco le mille possibili tecniche che ogni persona adotta per ottenere quell'agognato risultato!
Entrare nella zona d'influenza altrui!

La persuasione è antica quanto l'umanità
Ed anzi... In realtà molto più antica! Anche i nostri animali domestici utilizzano tecniche di persuasione, e studiarle sarebbe di enorme vantaggio per affinare le nostre. Gli animali utilizzano

tutte quelle componenti della persuasione che esimono dal linguaggio verbale, e dall'indurre al ragionamento logico.

Nel caso di un gatto per esempio non esiste linguaggio verbale come tale, potremmo imparare molto dai gatti in termini di persuasione se solo ci fermassimo un attimo, e facessimo caso alle straordinarie tecniche messe in campo da un comune gatto, che usandole è perfettamente in grado di controllare il proprio padrone!

Pathos – Ethos – Logos

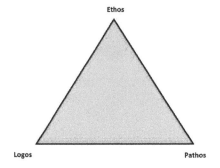

Bisogna risalire il fiume della nostra storia di oltre 2000 anni, fino ad Aristotele, Padre della retorica occidentale moderna, per sentire parlare per la prima volta di questi concetti oggi colonne portanti di qualunque oratore!

Per retorica intendiamo, tutti quelli schemi di comunicazione votati a far sì che gli altri si pongano col nostro stesso punto di vista.

Aristotele codificò questo schema di comunicazione dividendolo in 3 gruppi di abilità, o come diremmo oggi "skill"

- Pathos
- Ethos
- Logos

Pathos:

Come diceva Blaise Pascal, fisico, matematico e filosofo francese del XVII secolo

Il cuore ha le sue ragioni, che la ragione non conosce

Per Pathos intendiamo la capacità di trasmettere emozioni e lavorare su di esse!

Si basano sul Pathos tra le altre cose, anche le immagini che troviamo nei pacchetti di sigarette, i grandi occhioni dei nostri figli, e le fusa di un gatto!

Uno dei modi alla portata di tutti per fare leva sulle emozioni piuttosto che sul ragionamento vero e puro, sono le storie appassionate, e gli aneddoti eloquenti.

Spesso raccontare un aneddoto, o un'esperienza passata evoca collegamenti o reazioni nel nostro interlocutore, la cui spiegazione va ricercata molto al di là delle semplici parole utilizzate!

Riuscire a controllare queste situazioni e saper provocare le giuste reazioni, concede un grande potere all'oratore.

Ethos:

L'Ethos consiste invece nella autorità che l'oratore riesce a costruirsi intorno.

L'ethos è un'aurea di credibilità intorno a chi la possiede che abbaglia chiunque lo ascolti.

Aristotele scriveva nel suo libro I di Retorica:

"Crediamo negli uomini buoni più pienamente e con meno esitazioni; questo è generalmente vero indipendentemente dal problema, e assolutamente vero dove la certezza assoluta è impossibile e le opinioni divise"

Fanno parte di questa categoria, le citazioni, gli attestati, i followers ed i feedback posseduti sulle reti sociali, il modo di vestirsi, e tutto ciò che si fa, si dice, si ha o si mostra con l'unico scopo di guadagnarci il rispetto e l'ammirazione, ancor prima che la fiducia da parte del nostro interlocutore!

Logos:

entriamo qui nel mondo della ragione, del pensiero e delle argomentazioni!

Questa è la capacità di argomentare con solidi ragionamenti, di guidare un discorso in maniera ineccepibile fino al raggiungimento per induzione dell'obbiettivo voluto!

È dipendente dal logos tutto ciò che diciamo al fine di spiegare una determinata cosa basandoci sui fatti! senza l'intenzione di influire in altro modo che attraverso la ragione!

Si basano sul Logos tutta la matematica, e gran parte della retorica dello stesso Aristotele. Presa una qualunque notizia, si basa sul logos il suo puro contenuto informativo.

È curioso notare come la maggior parte dei venditori si concentri su quest'ultimo punto, e lasci al proprio istinto l'esecuzione dei primi due, la Programmazione Neuro Linguistica mira in gran parte a migliorare ed allenare la skill legata al Pathos.

Come applicare la PNL alla persuasione

1.Calibazione

Indipendentemente da ciò che andremo a dire, chiedere o raccontare, è importante entrare immediatamente in sintonia con l'interlocutore!
Abbiamo già parlato in precedenza dei 3 tipi di persone che la PNL riconosce come tali:

- Visivo
- Uditivo
- Cinestesico

Il primo obbiettivo dovrà quindi essere la rapida identificazione, di a quale categoria il nostro interlocutore appartenga, o meglio... in quale misura appartenga a ciascuna di queste.

Riuscire a capire di avere di fronte un Cinestesico, piuttosto che un Visivo sarà il primo prezioso passo per poter poi adattare il nostro schema di linguaggio!

Abbiamo già parlato in precedenza di questi punti e quindi eviteremo di ripeterci troppo, ma ci sono chiari segnali che possono indicarci la categoria di appartenenza, ed è per questo che in Programmazione Neuro Linguistica piuttosto che di **ascolto Attivo**, che consiste per esempio nel voler interpretare ciò che c'è davvero dietro ogni singola parola del nostro interlocutore, preferiamo parlare di **ascolto Selettivo.**

Secondo le regole della PNL, durante il primo approccio, saremo interessati a notare che tipo di parole il nostro interlocutore utilizza, la sua postura, la velocità di movimento delle mani per poterlo così classificare come da capitolo precedente di questo libro!

Non che l'ascolto Attivo non sia importante.
Anzi! la PNL vuole accompagnare ed integrarsi ad ogni skill preacquista del venditore, se sei già in grado di ascoltare attivamente il tuo interlocutore, rispettandone quindi i ritmi gli spazi ed i flussi, di leggerne tra le righe ed interpretare il suo linguaggio tanto meglio!

Adesso però inizia anche a far caso al modo in cui parla e si atteggia in modo da poterne stabilire il gruppo di riferimento, e stabilirne le sfumature.

2.Regolazione

Una volta stabilito il genere di persona che abbiamo di fronte, è importante riuscire ad adattare il nostro schema di linguaggio, per allinearlo al suo!

Come dicevamo appunto in precedenza, la Programmazione Neuro Linguistica punta a migliorare la componente di Pathos nella retorica del venditore, mettersi in sintonia con lo schema di linguaggio del nostro interlocutore è tra i più potenti strumenti per entrare nelle sue grazie! O come diremmo in altri termini, per riuscire a "starli subito simpatico"

Saper regolare il proprio schema di linguaggio è un'abilità che richiede molta pratica e dedizione!
Ma fortunatamente migliora progressivamente in modo naturale una volta che ci si inizia a far caso.

Riuscire a regolare il proprio schema di linguaggio, così come riuscire a rilevare le sfumature in quello altrui, non è certo un'abilità che si dovrebbe cercare di insegnare.

È piuttosto qualcosa di profondo ed istintivo su cui richiamare l'attenzione del venditore, l'abilità verrà a svilupparsi naturalmente con il tempo e l'esperienza.

3.Prova e Sbaglia

Arrivato a questo punto della tua lettura, dovresti aver capito, che la PNL in realtà non è né un metodo specifico né una formula magica! È piuttosto uno stile di vita.

Allo stesso modo del sistema operativo nel tuo computer, la PNL si pone come una base universale ed uno stile di comportamento sulla quale far poi poggiare, e convivere tutte le altre più specifiche tecniche che nella nostra vita andremo ad implementare!

Il decimo enunciato della PNL visto nel capitolo precedente, riassume perfettamente questo punto, ed esattamente come direbbero nel sud Italia *"nessuno nasce imparato"*
Se hai capito come affrontare i fallimenti, se davvero hai capito come interpretare un sistema di linguaggio, e come la nostra mente reagisca alle richieste esterne, allora sei finalmente pronto per iniziare a collezionare errori e chiamarli esperienze.

Da qui in avanti ci lasceremo alle spalle, o ancor meglio: *"in sottofondo"* la tecnica di Programmazione Neuro Linguistica, per

andare ad esplorare metodi più specifici di persuasione o manipolazione studiati appositamente per convincere gli altri, a fare
qualcosa che altrimenti lasciati alle proprie decisioni non fareb-
bero.

I 6 PRINCIPI DELLA PERSUASIONE

introduzione

Robert Cialdini, dal chiaro ed inconfondibile cognome Italiano, è in realtà uno psicologo e professore universitario Americano! Classe 1945, Cialdini, internazionalmente riconosciuto per i suoi studi applicati alla psicologia sociale della persuasione, è l'autore delle pubblicazioni considerate tra le più rilevanti matrici tecnico-concettuali del settore in questione.

Per la stesura del suo libro più celebre, ha lavorato durante ben 3 anni "sotto copertura" ricoprendo diverse mansioni pur di riuscire a raccogliere sul campo le informazioni necessarie a plasmare quella che poi sarà la sua dottrina.

Durante questi 3 anni, è stato un Venditore di macchine usate, ha lavorato nella raccolta fondi per organizzazioni di carità, ha fatto da operatore di telemarketing e lavorato in alberghi sempre con mansioni che lo portassero diretto contatto con la compra-vendita ed il pubblico.

Il libro che ne è risultato "The science of persuasion" è una vera e propria pietra miliare, che dovrebbe essere presente nella libreria di chiunque si approcci a questo genere di disciplina così tanto utile nella vita quotidiana di chiunque viva in una società civile.

In questo libro il Professore è riuscito ad identificare 6 punti, o principi sui quali si basa l'arte della persuasione.

È stato proprio lui ad affermare come alcune persone li utilizzino già, tutti od alcuni in maniera naturale, proprio come farebbe un artista!

Mentre per tutti gli altri la persuasione deve essere affrontata come una scienza, da imparare ed applicare.

Includendo i suoi insegnamenti nel nostro volume, non intendiamo in nessun modo esimerti dalla lettura di prima mano del libro di Cialdini, ed anzi te ne consigliamo vivamente l'acquisto per approfondire ciò che troverai qui.

1.Reciprocità

Se compi un gesto verso qualcun altro, egli si sentirà automaticamente in dovere di ricambiare!

Questo semplice concetto è tra i più sottovalutati nelle tecniche di vendita in generale!

Il Professor Robert Cialdini nel suo libro ci racconta delle tecniche con cui il cameriere regalando una caramella al cliente vedrà incrementarsi la sua mancia sensibilmente!

Ma Cialdini vive in un paese dove la mancia è molto più comune che nel nostro, cerchiamo quindi degli esempi più vicini alle nostre esperienze:

Ti è mai capitato di andare in un ristorante, e che ai tuoi bambini venga portato un semplice giocattolo in modo da intrattenersi? Quanto forte hai poi sentito l'impulso di doverci tornare?

Oppure pensiamo ai banchi di degustazione formaggi che ogni tanto compaiono nei nostri centri commerciali, alcune persone si vergognano se dopo aver degustato gratuitamente non comprano almeno qualcosina.

Sono tutti sistemi che sfruttano questa naturale inclinazione umana alla reciprocità.

Secondo Cialdini lo sfruttamento di questa tendenza a sentirsi in debito verso chi compie un primo gesto nei nostri riguardi, può essere sfruttata per ottenere situazioni anche molto sbilanciate di reciprocità.

Con un semplice piccolo primo gesto, viene infatti a crearsi un debito non richiesto, che dipendendo dal carattere del nostro interlocutore, potrebbe sfociare in una necessità di estinguerlo molto più forte di quel che ci saremmo aspettati, portandoci vantaggi ben superiori al valore in sé, di quel primo piccolo gesto da noi compiuto.

2.Coerenza

Siamo tutti portati in maniera conscia o meno, a pretendere che le nostre azioni e pensieri siano tenuti insieme da un unico filo conduttore di continuità.

Così che quando vogliamo qualcosa di importante da qualcuno, è più facile chiederli prima qualcosa di affine ma più piccolo!

Cialdini fa l'esempio di una associazione ambientalista, che volendo far esporre un cartello, oggettivamente grande e bruttino nei giardini del vicinato, ha prima fatto il giro delle case proponendo di attaccare uno sticker pro ambientalista piccolo piccolo, sul vetro della propria finestra!

È stato solo dopo una settimana che sono ripassati per proporre di alzare la posta, collocando anche il cartello, lo stesso esperimento ripetuto nel quartiere accanto ma senza passare dallo sticker, ha lasciato in evidenza come questo semplice stratagemma abbia permesso un incremento sostanziale nel numero di persone che ha accettato di esporre il voluminoso cartello.

Uno dei pratici sistemi alla portata di chiunque per sfruttare il principio di coerenza, è quello di portare l'interlocutore a dare il proprio appoggio su un argomento, prima di procedere con la fase di vendita.

Per esempio:

"sei favorevole all'alimentazione biologica?" prima di proporre un qualunque prodotto legato al discorso! Oppure "cosa ne pensi dell'attuale problema ambientale negli oceani?" prima di proporre un detersivo biodegradabile.

In generale portare il nostro interlocutore ad impegnarsi su un macro-argomento lo renderà più permeabile a più specifici temi attinenti o affini, è un po' come la strategia dei piccoli passi nelle diete.

Si comincia con qualcosa di piccolo ed innocuo per poi progressivamente arrivare al punto in questione.

3.Accettazione sociale

Siamo animali sociali! E l'istinto individuale è sempre quello di finire con l'uniformarsi al proprio gruppo di appartenenza.

Per questa ragione i giovani seguono le mode! Nei paesi o gruppi di persone particolarmente religiosi, verrà dato moltissimo peso ad un certo tipo di reputazione, e quando sappiamo che un libro ha venduto milioni di copie ne saremo innegabilmente più attratti!

Il concetto di "*Gruppi di persone*" è molto importante per la comprensione di questo punto!

Volendo usare termini più professionali potremmo chiamarli "target di clientela", ed è di vitale importante riuscire a stabilire bene le caratteristiche del nostro target, se non vogliamo incidentalmente finire col dire an un signore di 60 anni, che tale videogioco è perfetto per lui perché è stato valutato 5 stelle da milioni di ragazzini!

"Tutti gli altri genitori dei miei amici li hanno lasciati andare"

Questo è invece un esempio di perfetta strumentalizzazione dell'accettazione sociale a proprio favore.

Riusciremo di fatto ad utilizzare a nostro vantaggio questo punto sempre meglio, nella misura in cui saremo in grado di identificare il target nel quale si colloca il nostro interlocutore!

4.Empatia

Siamo più disposti a farci influenzare dalle persone che ci piacciono.

La vera sfida di questo punto è riuscire a capire come far colpo subito, così da rientrare il prima possibile, magari a prima vista nella categoria di persone che il nostro interlocutore ritiene essere a sé affini.

Secondo il Professor Robert Cialdini le persone tendenzialmente hanno un'immediata simpatia verso chi credono li assomigli, o comunque verso chi sembri assomigliare alla persona ideale del loro gruppo di riferimento.

Le cose che maggiormente sembrano impattare all'ora di entrare nelle grazie di qualcuno sono:

- Il modo in cui ci si veste: ogni gruppo di riferimento segue un suo specifico stile di abbigliamento! Sarà più facile raggiungere maggior empatia con un giovane se ci si veste in modo informale, o con un gruppo di banchieri se ci si presenta in giacca e cravatta per esempio!

- Familiarità: siamo più propensi a fidarci e prestare ascolto a chi già conosciamo, anche solo di vista, per questa ragione i venditori online tendono a cercare prima di tutto di entrare in forum o comunità con commenti, o qualunque tipo di generico contributo, che li porti a risultare più familiari nel gruppo d'interesse.

- Complimenti sinceri: i complimenti sono un'arma a doppio taglio! Non bisogna mai abusarne né usarli forzatamente in situazioni dove non hanno senso, ma un complimento sincero posto a sottolineare un pregio reale, può aprire porte che fino a quel momento erano rimaste completamente chiuse.

- Similitudini: trovare punti in comune è un altro sistema utilissimo: "sei del Milan? Anche io!", "hai 2 figli? Pensa pure io!". In generale siamo tutti portati a provare maggior empatia verso chi ci rassomiglia.

Non è un caso se nelle pubblicità televisive, ci si continuano a presentare persone bellissime, e famiglie perfette quando l'oggetto da vendere sia di largo consumo!

L'attore protagonista della pubblicità per un apparecchio dentale sarà un over sessanta, con una bellissima famiglia e come unico problema da risolvere, la sua dentiera.
Nel mondo online dove invece il pubblico di riferimento sono persone giovani, è sempre più frequente vedere pubblicità registrate volutamente con apparecchiatura non professionale, ed attori vestiti in modo assolutamente informale, se non proprio stravagante!

La capacità empatica, lo diciamo ancora una volta, è qualcosa di innato e particolarmente spiccato in alcune persone, tutte le altre è bene che studino approfonditamente questo punto, perché è il cuore di ogni trattativa tra persone civili.
Il non essere empatici risulta un grave handicap nella vita di qualunque animale sociale, esseri umani compresi.

5.Autorità

Al momento di decidere se un'informazione sia valida oppure no, diamo molto più peso agli esperti del settore!
La realtà è ovviamente leggermente diversa! Perché diamo retta a quelli che ***sembrano*** esperti del settore!

Ai solo fini della persuasione, è quindi molto più importante sforzarsi di sembrare autorevole piuttosto che lavorare per esserlo veramente! Le grandi marche investono enormi quantità di capitali nel commissionare ricerche scientifiche, e poi pubblicarle se sono loro favorevoli, per così sfruttare l'autorità di scienziati ed università.

Il dentista non si limiterà a finire gli studi, ma appenderà il proprio titolo faticosamente ottenuto ad un quadro in bella vista nella sala d'attesa.

E nel caso del venditore? Il problema più comune in questo tipo di cose per un venditore, consiste nel fatto che non si può certo girare per strada portandosi dietro i propri attestati oppure le proprie esperienze passate per sbatterle in faccia a chiunque! Bisogna saper essere discreti in questa operazione.

Nel caso dei venditori, è sicuramente anche il modo di vestirsi e di atteggiarsi che fa la differenza, è il tipo di vocabolario e qualche frase buttata di qua e di là, che può aiutare ad attestare autorità, **ma non solo**!

L'autorità può venir messa in luce molto efficacemente quando è qualcun altro a comunicarla, e funziona perfettamente anche se quel "qualcun altro" non ne ha per nulla!

Una delle agenzie immobiliari nelle quali ha operato il Professor Cialdini, ha visto incrementarsi notevolmente il proprio giro di affari assumendo una centralinista, il quale unico scopo era ricevere le telefonate per poi riassegnarle con frasi del tipo, "si certo, le passo Francesca, lei è riuscita a piazzare oltre 400 vendite nell'ultimo anno ed è una vera esperta nel suo campo" oppure "per il suo problema è ideale Filippo! Lui è il nostro esperto di affitti ed ha un portafoglio clienti di oltre 2.000 appartamenti saprà aiutarla sicuramente"

L'abito sicuramente non fa il monaco! Ma è esperienza quotidiana di tutti che un monaco senza il suo abito, farà certamente più fatica ad imporsi immediatamente come credibile.

6.Scarsità

Siamo attratti come api al miele da tutto ciò che è esclusivo, o che comunque sappiamo non esserci in quantità infinite, frasi del tipo "solo 8 posti disponibili" oppure "tiratura limitata" ti sono familiari?
Il mondo dei videogiochi ha saputo portare ad un altro livello questo punto, creando tutta una serie di oggetti virtuali unici o rari, che in alcuni casi sono arrivati a valere cifre da capogiro.
Se visitando un sito internet in fondo alla pagina vedi il numero di visitatori collegati in quel momento, 12 per esempio! La sensazione di scarsità sarà immediata quando lo stock è limitato.

Cerca quindi sempre di accompagnare le tue offerte con un limite di tempo e quantità, per indurre il tuo cliente ad avvertire questa sensazione.

Per la verità il professor Robert Cialdini, nel suo ultimo libro "Pre-suasion" ha poi identificato anche un settimo punto!

7.Unità

Questo punto, racchiude secondo lui gli ultimi 6, e parla di un'unità condivisa dagli esseri umani.

Spiega sostanzialmente che quanto più l'altro viene percepito come parte di un "noi" più facilmente saremo disposti a permettergli di influenzarci!

Naturalmente ci sono moltissimi "noi" nella vita di ogni persona:

- Gruppo familiare
- Orientamento politico
- Religione
- Gruppo etnico
- Interessi condivisi
- Attività svolte (squadra di calcio, corsa al mattino, sport in generale, musica ascoltata)
- Lavoro

Nel momento preciso in cui riusciamo a farci considerare parte di un qualunque gruppo condiviso.

Nel momento in cui riusciamo a far parte di un "noi" la nostra capacità di persuasione ne risulterà immediatamente incrementata!

Dalla persuasione alla manipolazione

C'è un punto cruciale che abbiamo volutamente evitato di affrontare fino a questo momento, si tratta dell'etica.

La persuasione e la manipolazione sono due modi nei quali si possono utilizzare le medesime capacità, per ottenere però due risultati che in effetti differiscono parecchio.

Parliamo di manipolazione quando la direzione verso la quale cerchiamo di spingere l'altro, è assolutamente sfavorevole per lui, mentre di persuasione quando come minimo, c'è un equilibrio di equità tra i suoi interessi ed i nostri.

Un conto per esempio è persuadere il tuo cliente a cambiare la sua compagnia telefonica in favore di una più conveniente, e tutt'altro è persuaderlo a siglare un accordo con una compagnia di assicurazioni che sia peggiore della sua assicurazione precedente.

Il motivo per cui le persone tendono a dare più fiducia a chi faccia parte di un loro stesso gruppo sociale, è la consapevolezza che tra persone affini c'è reciproca empatia, e ci si aiuta naturalmente a vicenda.

Difficilmente un fratello ti metterà in una situazione negativa pur di trarne qualche vantaggio, mentre che allo straniero, poco importa la situazione nella quale ti lascia una volta avuto ciò che lo interessava!

La sfiducia verso gli sconosciuti è un meccanismo di difesa, e l'eluderlo per poi comportarsi esattamente come lo straniero, che prende e non dà, è ciò che definisce la manipolazione come tale.

In sostanza l'unica differenza tra la persuasione e la manipolazione, sta nell'intenzione ultima di chi persuade, e se il fine da lui ricercato tenga oppure no, conto dell'interesse del suo cliente oltre che del proprio.

Manipolazione e classe dominante

Appena prima del 1300 Gengis Khan aveva conquistato gran parte del mondo allora conosciuto, eppure oggi la Mongolia è il territorio abitato con la più bassa densità di popolazione dell'intero globo terracqueo!

Il motivo è che quel territorio era stato conquistato solo sul e col sangue, ed' era tenuto insieme esclusivamente dalla paura, ma non paura verso un aggressore esterno! Bensì paura verso il proprio Gengis Khan.

Non appena l'uomo forte è venuto a mancare, il tutto si è frammentato diviso ed alla fine il regno è scomparso.

Dai tempi di Gengis Khan ad oggi, i gruppi umani si sono via via sempre più sofisticati, e dove più dove meno, i governi della terra hanno capito che persuadere e manipolare, è di gran lunga più lungimirante che il semplice costringere la propria popolazione!

Visto dall'esterno il popolo di quella che oggi è la Korea del Nord può sembrare completamente oppresso e paralizzato dal terrore, potremmo di fatto pensare che ogni coreano se ne avesse gli strumenti si ribellerebbe senza pensarci due volte!

Ti invito a leggere il libro di **Park Yeon-Mi** "*La mia lotta per la libertà (2015)* "dove l'autrice parla senza mezzi termini di "**dittatura emozionale**" e di come un intero Paese viva nella convinzione che gli integranti della famiglia reale siano delle vere e proprie divinità.

Approvano compatti ogni decisione imposta come la migliore possibile per il bene del popolo, anche se in completa contraddizione con la loro realtà quotidiana.

Persino quindi le più estreme dittature moderne hanno saputo fare un po' di spazio alla manipolazione in favore della più basica e diretta, violenta forzatura.

L'occidente ha poi portato il tutto ad un livello successivo! I nostri governi basano praticamente ogni parte della loro strategia sulla persuasione e la manipolazione!
Quando possono persuadono, e laddove non sia possibile nascondono e manipolano!

Nel 1895 Gustave Le Bon, psicologo contemporaneo del forse più celebre Sigmund Freud, pubblica "psicologia delle folle".
Quest'opera è considerata la prima e capostipite del suo genere, di ispirazione per dittatori del calibro di Stalin, Hitler e Mussolini che per loro stessa ammissione, basarono su di essa moltissimo del proprio carisma e capacità di controllo delle folle appunto.

Noi e Loro

Proprio come nelle tecniche che abbiamo descritto nei capitoli precedenti, anche in questo caso si rende assolutamente necessario creare una netta distinzione, oltre che una ferma contrapposizione tra un "noi", ed un "loro".

Nel caso specifico dei governi, il "Noi" è molto semplice da ottenere, praticamente intrinseco nel concetto di Nazione, mentre per il "loro" il discorso cambia! Un "loro" è spessissimo necessario crearlo ad arte!

La storia passata, ma anche la nostra vita di tutti i giorni è ricchissima di esempi, nella Germania nazista erano gli Ebrei, nella Padania di 30 anni fa erano gli Italiani del sud, e nell'Europa moderna sono gli Immigranti.

 In un manifesto leghista comparso durante la campagna elettorale, accanto al disegno di un capo indiano d'America (pellerossa), di quelli con il copricapo fatto di piume per intenderci! Si leggeva eloquente la frase

"loro non hanno potuto mettere regole all'immigrazione, oggi vivono in riserve"

I richiami ad un "noi e loro", oltre che al pericolo di un'invasione ed un futuro nefasto sono fortissimi e viscerali.

Nell'Almerica dell'11 settembre 2001 con George W. Bush presidente, i "**loro**" era necessario che fossero gli Iracheni di Saddam Hussein...

La Guerra come strumento di aggregazione

Una volta stabilito quale sia il gruppo umano da etichettare come "loro" interviene la propaganda, volta a seminare il più forte dei sentimenti umani: la paura

Se avevi pensato all'amore, come sentimento umano più forte, dovresti sapere che la paura è di gran lunga più ancestrale, e mette in moto meccanismi nel nostro cervello che sono in grado quando raggiungono una soglia critica, di inibire gran parte delle strutture più evolute, ed in ultima istanza di eclissare persino l'amore!

La paura induce le persone a giustificare atti e situazioni che altrimenti in una situazione normale non avrebbe mai accettato, è dalla paura che nasce il concetto di "legittima difesa", e continuando ad applicare paura si passa al ben più pericoloso "meglio prevenire che curare".

La paura inoltre, costringere a mettere tutto in ordine di priorità! Cosa è più importante la privacy o la sicurezza nazionale? È più grave che il governo controlli i nostri movimenti con un'applicazione sul cellulare, oppure che qualcuno possa rompere la quarantena in piena pandemia globale?

Cosa ha la priorità, il rispetto dei diritti umani di una nazione composta di "**altri**", oppure la nostra incolumità?

Immediatamente dopo l'11 settembre, parte in America una lunga e pianificata campagna mediatica di screditamento dello stato islamico Iracheno e del suo feroce dittatore Saddam Hussein.

L'accusa era doppia, ed indagini successive alla guerra che ne è scaturita, hanno dimostrato essere false entrambe!

Si è detto che Saddam stesse costruendo armi atomiche nucleari di distruzione di massa, e che avesse rapporti con Bin Laden, o addirittura lo stesse coprendo e proteggendo.

Il fatto è che la paura instillata nel popolo Americano, seppur fondata su notizie completamente false, unita al concetto di "noi e loro" ha sfociato automaticamente in un "noi contro loro", e quella terribile guerra, è riuscita a passare ampiamente giustificata ed appoggiata dall'opinione pubblica, gli Americani mandavano i propri figli alla battaglia con orgoglio e rinvigorito sentimento nazionale!

Possiamo ritrovare questo schema di condizionamento, dove la guerra diventa un aggregante nazionale intorno ad un leader, che a quel punto acquista forza e credibilità altissime in ogni luogo ed in ogni tempo lungo tutta la nostra storia contemporanea!

Agli inizi degli anni 80 il generale Leopoldo Galtieri guidava la dittatura militare Argentina, nel pieno di una devastante crisi economica, che minacciava seriamente con la tenuta di tutto il suo apparato, le contestazioni civili stavano raggiungendo ormai livelli di guardia in tutto il territorio.

La Piazza centrale di Buenos Aires, "Plaza de Mayo" era ogni giovedì occupata dalle madri dei "desaparecidos" migliaia di uomini e donne scomparsi durante i feroci anni della dittatura Argentina. Ogni giovedì queste manifestazioni venivano represse nel sangue, ed ogni giovedì le madri tornavano a manifestare, pacificamente ma con rinvigorita forza.

Nel frattempo dall'altro lato dell'oceano, in Inghilterra, quella che sarebbe poi passata alla storia come la "Lady di ferro", il Primo ministro Inglese Margaret Thatcher (13 ottobre 1925 – 8 aprile 2013), non era ancora riuscita in nulla di tutto ciò per cui la ricordiamo oggi!

Non aveva ancora vinto le sue lotte per la demolizione del potere dei sindacati, non aveva ancora nemmeno iniziato a parlare di privatizzazioni!

Il *Thatcherismo* insomma! che ha così profondamente plasmato il mondo occidentale nel modo in cui oggi lo conosciamo, non solo non era ancora nato, ma rischiava di non nascere mai.

L'Inghilterra era anche lei in piena crisi economica, ed alla Thatcher stava scoppiando in mano la questione Irlandese, che rischiava seriamente di mettere fine al suo governo ed alla sua leadership, tutti i sondaggi dell'epoca, la davano debole e perdente alle prossime elezioni.

Ebbene la guerra delle Falkland (letteralmente una roccia congelata in mezzo all'oceano dimenticata da tutti) avvenuta tra aprile e giugno del 1982, riuscì a sospendere completamente nell'opinione pubblica i problemi interni a ciascuno dei due paesi!

Dopo aver vinto la guerra, la Thatcher ne uscì politicamente imbattibile, ed in Argentina dove la guerra è stata persa, il Popolo Argentino ha comunque sospeso il giudizio alla sua classe dirigente e dimenticato i gravissimi problemi di giustizia sociale per molti mesi, prima di ritornare naturalmente alla carica e percorrere la strada della storia che ha portato oggi quelle madri a manifestare ancora, in quella stessa piazza ma sotto il nome di "abuelas de plaza de Mayo" Nonne di piazza di Maggio.

 Per il nostro argomento di studio "**la manipolazione che gli stati applicano sui propri popoli**" è di gande rilevanza, notare come ancora oggi in Argentina, si continui ad insegnare ai bambini che le Falkland sono Argentine (las Malvinas son Argentinas), tanto che questo messaggio viene posto in primo piano come cartello di benvenuto ad ogni frontiera di quel paese! Dimostrando così, quanto tenace possa essere il sentimento Nazionale e conveniente la sua strumentalizzazione ai fini politici.

Le Fake News

Fu Edward Bernays, nipote di Sigmund Freud e sostenitore dello stesso Gustave Le Bon, psicologo di cui abbiamo parlato prima, a dichiarare che:

La più grande caratteristica della democrazia è la manipolazione della coscienza collettiva, da parti di mass media e pubblicità

Per quanto siamo abituati a considerare la Fake News come un fenomeno moderno ed emergente, si tratta in realtà di uno strumento antico che pur precedendo l'evoluzione dei mass media ne ha sicuramente tratto una forza ed impulso senza precedenti.

Nel 1814, ben prima dell'invenzione della radio ed ancora in epoca napoleonica, spalanca la porta di una locanda nella cittadina inglese di Dove, un uomo vestito da ufficiale che comunica a tutti la morte di Napoleone Bonaparte.

Le notizie viaggiavano velocemente anche allora, e nonostante fosse ad oltre 120 km di distanza, la borsa di Londra, fu testimone il giorno dopo di vere e proprie situazioni di panico!

In effetti non fu molto difficile all'epoca risalire al colpevole di questa Fake News, ma il mondo nel 1814 era ancora relativamente semplice, ed i mass media non erano certamente ai livelli odierni!

Nel 1835 sul New York Sun, primo quotidiano Americano ad avere la premiatissima idea di essere venduto ad 1 penny e distribuito da ragazzini urlanti per strada, cominciò una serie di articoli come minimo... strani!

Firmati da un ignaro Sir. John Herschel, notissimo astronomo dell'epoca e scopritore addirittura del pianeta Urano e la radiazione infrarossa, questi articoli con un tono sensazionalistico e patriotico, illustravano finalmente la scoperta della vita sulla luna!

Ma non ci si limitò a dire questo! Gli articoli descrivevano nel dettaglio una luna piena di foreste, enormi laghi, e costruzioni come piramidi di quarzo blu e rosa.

Mandrie di bisonti vagavano libere per le pianure lunari, e persino un unicorno sarebbe stato avvistato dal famoso astronomo! La serie di articoli si spinge poi oltre! Raccontando di vita intelligente, sotto forma di uomini alati e tribù che abitavano capanne dal tetto d'oro, gli "uomini pipistrello" decisero di chiamarli.

Questa bufala per quanto oggi possa apparirci più divertente che pericolosa, e sicuramente non credibile, all'epoca valse al giornale il record mondiale di vendite, e ci vollero anni prima che il mondo si convincesse di essere stato vittima di una burla.
Persino in Italia venne pubblicato, verso la fine di quello stesso anno, un serissimo opuscolo "*delle scoperte fatte nella luna del dottor Giovanni Herschel*" traduzione di un bollettino dell'Accademia delle scienze Francese.
Per quanto riguarda invece l'astronomo John Herschel, passò gli anni successivi, a cercare invano di spiegare l'estraneità a questi incredibili e stravaganti fatti.
Possiamo solo immaginare ciò che questo serissimo scienziato dovette provare, quando si trovò improvvisamente al centro delle polemiche dei migliori salotti di tutto il mondo, per una serie di notizie così assurda!

Con l'avvento di televisione prima, ed internet dopo le Fake News hanno ricevuto un ulteriore impulso. E sebbene oggi siamo tutti un pochino più critici nella lettura rispetto ai lettori di 100 anni fa, è pur però vero che la tecnica e malizia con la quale vengono confezionate, è arrivata a livelli difficili da ignorare.

In epoca contemporanea è sotto gli occhi di tutti come le Fake News siano uno strumento dei potenti, che pur dietro al rumore di ogni buontempone che ha ormai la possibilità, oggi di sfornarne a piacimento, riesce però in un contesto di professionale pianificazione e continuità d'applicazione ad arrivare, ed in qualche modo far breccia prima o poi su ciascuno di noi.

IL DECALOGO DI CHOMSKY

Noam Chomsky, Filosofo e linguista nostro contemporaneo oltre che professore emerito al Massachusetts Institute of Technology, è un prolifico scrittore e ricercatore.

Della sua incredibilmente vasta bibliografia siamo però interessati ai suoi scritti sulla manipolazione di massa.

Da tempo nel web circola un decalogo elaborato ed estratto da suoi accaniti lettori scritto sulla base delle sue teorie e dei suoi tanti libri.

In una recente intervista, su questo decalogo Chomsky ha dichiarato di non esserne l'autore e di starci attenti perché non di sua proprietà, per poi incalzato dall'intervistatore ammettere che in effetti i punti siano ispirati al suo pensiero, e racchiudano la sua dottrina.

Ammettendo così la loro aderenza al suo pensiero, ma esprimendo una velata lamentela per i diritti di autore non percepibili.

1.Distrazione

"Pane e Circo" dicevano i Romani! La distrazione è l'elemento primordiale nel controllo sociale.

Mantenere l'attenzione delle masse sempre impegnata in fatti di minima rilevanza, in modo da sviare l'attenzione del pubblico da problemi importanti e decisioni cruciali è parte essenziale del lavoro di qualunque stato moderno e regime totalitario.

Gli stati di tutto il mondo investono milioni di dollari nel sostenere la spettacolarizzazione dello sport.

Nel nostro caso, ci è familiare il mondo del calcio, che drogato da fiumi di danari risulta essere una continua fonte di polemica e preoccupazione; ma è solo uno dei tanti specchietti per le allodole, che ogni giorno abbaglia miliardi di uomini e donne in tutto il pianeta.

2.Problema-Reazione-Soluzione

Qui si tratta invece di come volendo far accogliere imposizioni normalmente inaccettabili sia possibile per i potenti, mettere le mani avanti e far sì che siano le masse stesse a richiederli tali interventi!

È un po' come quando ci si fa lasciare dalla propria fidanzata per paura della sua reazione nel caso fossimo noi a lasciarla! Il risultato è quello voluto, ma lei crede di aver avuto per tutto il tempo il coltello dalla parte del manico.

Governi di tutto il mondo creano problemi ad arte, situazioni di difficoltà pianificate per indurre una certa reazione nel popolo, a quel punto si tratta solo di presentarsi con la soluzione pronta in mano, o nei casi più sofisticati attendere che siano le masse a richiederle a gran voce.

Naturalmente i problemi possono essere creati dal nulla, come è stato nel caso di Bush che per attaccare l'Iraq ha completamente architettato la storia che Saddam fosse coinvolto negli attentati dell'11 settembre, oppure presi dalla realtà e strumentalizzati, esacerbandoli e portandoli al centro delle notizie quotidiane.

Così come accade ogni volta che un politico prende a cuore un problema! Oppure appena prima che si decida di privatizzare una qualunque azienda o servizio statale.

3.Gradualità

Misure inaccettabili, diventano in effetti parte della normalità se inserite nel giusto dosaggio e con la sufficiente costanza, ma spalmata nel tempo.

Chomsky nei suoi scritti fa riferimento alle politiche neoliberali imposte a partire dagli anni 80, e che hanno portato all'attuale situazione di privatizzazioni, precarietà, flessibilità lavorale, disoccupazione diffusa e salari al limite della sopravvivenza in gran parte del mondo occidentale.

Nell'Italia Pre-Euro le famiglie si sostenevano normalmente con un solo stipendio, il posto fisso e la casa di proprietà facevano parte della cultura popolare!

Oggi a nemmeno una generazione di distanza, ogni famiglia per mantenere lo stesso livello di vita ha bisogno di almeno 2 stipendi, l'idea di un mondo del lavoro fluido ed un affitto vita natural durante, è sempre più parte della normalità per i ragazzi e le ragazze che decidono di metter su famiglia in Europa.

Volgendo la vista indietro ci si può rendere facilmente conto di come, indipendentemente dall'inclinazione politica del governo di turno, ci sia stata negli ultimi 20 anni una continuità di fondo nell'applicazione delle norme, che hanno poi portato il mondo ad una così profonda metamorfosi sociale.
Metamorfosi che per altro è ancora in corso d'opera e lungi dall'essere arrivata alla sua massima espressione.

4.Palla avanti

Da tantissimi anni, le più dolorose riforme vengono introdotte con larghissimo anticipo, in modo da dare il tempo alla popolazione di assimilarle ed accettarle.

Un sacrificio futuro, è sempre di più semplice accettazione rispetto ad uno immediato.
Sul momento fa inoltre da balsamo la prospettiva che di fondo è sempre presente nelle masse, di un futuro migliore che probabilmente renderà il sacrificio meno doloroso se non addirittura innecessario.

Pensiamo per trovare un esempio vicino alla nostra Italica esperienza alla storia dell'IMU l'imposta patrimoniale per eccellenza oggi così familiare a chiunque possieda immobili.

Compare per la prima volta durante il governo Berlusconi, nel Dlgs 23/**2011** del 14 marzo.

La data prevista di entrata in vigore era però per il **2014**, ben 3 anni dopo!

A dicembre del 2011 Il governo Monti, ne anticipa l'entrata in vigore al **2012** dividendola però in un acconto a giugno, ed un saldo a dicembre del 2012.

Da allora l'IMU è stata oggetto di varie riforme, inglobazioni e trasformazioni che l'hanno però resa sempre più normale e socialmente accettata nell'ordinamento tributario Italiano.

5.Il pubblico come bambini

Secondo il Professor Chomsky quando ci si dirige ad una persona adulta, come se fosse un ragazzino di 12 anni, per un principio di suggestione e reciprocità la sua risposta sarà con ogni probabilità infantile, e verranno meno in questo modo alcuni dei normali meccanismi critici.

Nel suo libro "Armi silenziose per guerre Tranquille" il Professore richiama l'attenzione sul modo in cui sono confezionati la maggior parte dei messaggi pubblicitari televisivi, dove la tendenza maggioritaria è quella di utilizzare parole, gesti ed attitudini conciliatori, impregnati di un'ostentata ingenuità.

Notiamo come la maggior parte delle volte finiamo per premiare il personaggio politico che maggiormente sia riuscito ad incarnare una figura forte e paternalistica, come se fossimo appunto dei ragazzini alla ricerca di una figura paterna.

6.Appello all'emotività

La Propaganda politica, ma anche la semplice pubblicità commerciale puntano entrambe ad insinuarsi nella mente di chi ascolta, non attraverso la logica e la riflessione ma facendo leva sull'emotività di chi passivamente ascolta ed assorbe lentamente ma incessantemente il messaggio voluto dall'editore.

Il chiaro intento di qualunque slogan, o discorso mediatico è di impressionare il pubblico, e la cosa non ci stupisce per nulla. Chiunque di noi chiamato da un'agenzia pubblicitaria a scrivere il testo per uno spot su un qualunque prodotto, si sforzerebbe per scrivere qualcosa di emotivo, piuttosto che spiegare per filo e per segno, ogni proprietà ed oggettivo beneficio di tale prodotto.

È altresì ovvio che gli apparati di potere dispongano di psicologi ed esperti di ogni sorta, il quale unico compito è sviluppare nuove tecniche per arrivare ad un pubblico sempre in evoluzione!

Chomsky afferma come l'applicazione costante, programmata ed abilmente studiata di messaggi ad alta carica emotiva, dia la possibilità di inoculare nel tempo, paure, riflessi condizionati, o più in generale convinzioni e schemi di comportamento in grandi gruppi di persone.

È innegabile per esempio quanto le popolazioni moderne siano state omogeneizzate nella loro scala di valori, cultura e modalità di reazione in base ai canali televisivi che hanno a disposizione.

La televisione sin dalla sua introduzione ha operato con un impareggiabile lavoro di educazione di massa!

Gli apparati del potere non si sono fatti certo sfuggire l'occasione per prenderne immediatamente il controllo, ed al momento infatti non esiste sulla terra governo o regime che faccia a meno della strumentalizzazione di un simile potere.

7.Ignoranza

Mantenere le classi sociali più basse in uno stato di ignoranza generalizzato, non solo le rende più permeabili e suscettibili al controllo, ma riesce anche a mettere un freno alla scalata sociale.

La conservazione del potere, è resa più agevole e facile da perpetuare nella misura in cui le classi sociali più basse accettino la propria condizione senza mai arrivare a capire veramente ed in profondità quali e quanti siano gli strumenti utilizzati per manipolarli!

In epoca feudale era normale assegnare al figlio, mestiere e classe del padre! Nessuno aspirava ad una scalata sociale ed il potere si perpetuava generazione dopo generazione tra i soliti noti.

La democrazia inserita in tempi moderni ha dato l'illusione che questo sistema fosse stato scardinato, ed è incredibile come tutti siamo naturalmente portati a credere nell'esistenza di pari opportunità nonostante la realtà continui a mostrarci l'opposto!
Basta scorrere la lista dei cognomi che si sono succeduti alla casa bianca per rendersene conto.

L'esistenza stessa di cognomi associati al potere non stupisce nessuno in nessun angolo del pianeta, eppure tutti riusciamo a far convivere questa consapevolezza con l'illusione di opportunità potenzialmente uguali a tutti.

Le migliori scuole del mondo, sono però le più care ed esclusive, i circoli privati ed i salotti del potere si occupano di mantenere e dove possibile allargare sempre di più la distanza tra le possibilità reali alla portata delle classi più elevate e quelle riservate alla classe più bassa.

Gli esempi di persone di basso livello sociale che nonostante tutto sono riusciti nella scalata, risultano infine preziosi per continuare a perpetuare l'illusione nella grande massa, ed il sistema è strutturato per far sì che i pochi eletti che riescono nell'impresa, si trasformino durante il processo in un ulteriore ingranaggio della enorme macchina di propaganda.

Un antico proverbio arabo si traduce più o meno così: *"metti una frusta in mano ad uno schiavo, e sarà il peggiore dei tiranni"*

8.Quando è moda, è moda

Probabilmente crederai che la maggior parte dei tuoi desideri siano veramente tuoi, e che le mode nascano spontaneamente, ma la realtà è da tutt'altra parte!

Quando una moda come per esempio l'uso di pantaloni stracciati si impone a livello globale, i mezzi di comunicazione non ne sono mai estranei, e se quando li hai visti in una vetrina in cento hai pensato "questi pantaloni si che mi piacciono" probabilmente non hai riflettuto sul fatto che, prima di aver subito l'adeguato bombardamento mediatico non li avresti mai neppure presi in considerazione!

Secondo la dottrina del professor Chomsky, gli apparati del potere si sforzano con mezzi sempre più subdoli e sofisticati per assuefarci al fatto che l'essere scarsamente istruiti, volgari ed incolti sia una moda e ci renda persino più attraenti.

Format come il Gande fratello si sono ormai imposti in ogni angolo del mondo occidentale, ed i momenti di massima visione da parte degli spettatori non riguardano mai situazioni di cultura o pace nella casa.

Questo continuo lavoro per rendere la classe bassa di popolazione quanto più ignorante, manipolabile, e distratta possibile sta alla base delle tecniche di manipolazione che i governi applicano sui propri cittadini di anno in anno.

9.La colpa del fallimento

Questo punto è il rovescio della medaglia della sensazione di pari opportunità!

Di fatto in un mondo dove le opportunità siano potenzialmente uguali per tutti, chi non riesca a raggiungere un qualunque traguardo, sarà l'unico colpevole della propria sconfitta.

Per uno stato occidentale questo genere di cose è di vitale importanza, il nostro modello economico ed il nostro sistema di stratificazione sociale è tenuto insieme dalla compiacenza di ogni persona che, appartenendo ad una classe sociale bassa, ne accetti la cosa con arrendevole rassegnazione, o comunque si veda occupata in un tentativo di scalata talmente impegnativo, da renderla cieca e sorda alla realtà che la circonda.

Fintanto che gli appartenenti ai bassi strati sociali continueranno a provare la scalata, ma giocando secondo le regole del gioco, non ci saranno problemi di sorta.

Nessuno metterà mai in dubbio l'attuale sistema capitalistico e qualunque genere di importante rivoluzione sarà scongiurata.

In regimi come la Korea del nord, la popolazione accetta passiva-mene la divisione per classi in quanto facente parte di un'antica cultura tramandata di generazione in generazione ed universal-mente accettata come giusta, ma nella nostra cultura è bene che ciascuno viva nell'illusione di poter ambire ad uno stile di vita su-periore, e che ne giustifichi il non raggiungimento con una pro-pria incapacità piuttosto che con limiti imposti dal sistema stesso.

10.conoscere lo spettatore meglio di lui stesso

L'era delle telecomunicazioni ha finalmente avvicinato l'uomo co-mune alla conoscenza, oggi tutto lo scibile umano è stato caricato su internet, eppure l'uomo comune non ne approfitta!

Tanta conoscenza ci disorienta, e si finisce col limitarsi a consul-tare canali di notizie e servizi metereologici.

Le classi elitarie hanno invece a disposizione specialisti, stru-menti e conoscenze moderne, che vanno da profili generati su abitudini di ogni genere, raccolti online sulla base di specifici gruppi di persone, alle ultime scoperte in campo di biologia, psi-cologia e studi dei comportamenti umani.

Tutto questo messo insieme, concede alle classi più alte una co-noscenza profonda sull'uomo comune, addirittura superiore a quella che l'uomo comune stesso ha di sé.

È chiaro che con questi presupposti, sia possibile prevedere rea-zioni semplici a stimoli precisi e pianificare sempre nuovi sistemi di manipolazioni che portino a risultati ogni volta più specifici.

Tanto più le classi sociali basse sono uniformi, ed addestrare a rispondere in un certo modo a determinati stimoli, tanto più facile sarà per le elitarie creare nuovi schemi di controllo od espedienti di distrazione di massa.

CONCLUSIONI

Con quest'ultima parte del libro non è mai stata nostra intenzione instillarti nessun tipo di sentimento rivoluzionario, o di inadeguatezza sociale.

Siamo anzi convinti del fatto che se il mondo è quello che è, dipende dal fatto che gli umani siamo quel che siamo.

In ogni tempo, ed epoca umana abbiamo assistito alle lotte di classe ed a come un chiaro istinto di prevaricazione si sia sempre imposto nelle azioni degli uomini.

Riteniamo che l'essere passati dall'applicazione di forza bruta alla persuasione e manipolazione, ed in molti casi dalle sanguinose guerre tra stati, a guerre commerciali e diplomazia; sia comunque un passo avanti nella nostra linea di evoluzione sociale.

Questo libro vuole però darti gli strumenti per combattere le battaglie moderne alle quali ogni uomo comune è inconsapevolmente chiamato!

La continua manipolazione dell'informazione, le Fake news, le mode imposte e la psicologia applicata ad ogni fase della nostra vita, sono diventate qualcosa di talmente onnipresente da risultarci invisibile.

La pretesa di questo libro non è certo quella di esaurire l'argomento, ma di aprirti gli occhi sul mondo che ti circonda.

Non solo crediamo che dovresti conoscere le tecniche di manipolazione per poterle usare a tuo vantaggio nella vita di tutti i giorni, ma crediamo fermamente che dovresti soprattutto conoscerle per potertene difendere attivamente.

Nel mondo moderno, l'informazione per quanto resa confusa e caotica, è effettivamente ed incredibilmente ancora alla portata di tutti! Non hai bisogno che di una connessione ad Internet per iniziare a studiare e capire i moti dello spirito, l'animo umano e le basi della psicologia che regolano i comportamenti umani ad ogni livello.

Qualcuno ha rappresentato questa attuale situazione del mondo, come un'umanità dalle vertebre cervicali saldate, che camminando in un frutteto di mele non riesca però a vederle queste mele, per il solo e semplice fatto di non aver mai alzato la testa al cielo!

E di questo è esattamente ciò di cui voleva trattarsi questo libro! Dell'invito ad alzare la testa e vedere le mele.

Ci sembra quindi adeguato salutarti a modo nostro, lasciandoti una serie di frasi e citazioni che invitano alla riflessione.

- Caso dopo caso, vediamo come il conformismo sia la strada più facile e la via più sicura per ottenere privilegi e prestigio; la dissidenza al contrario comporta solo costi personali cit. *Noam Chomsky*
- Se sei in grado di tremare d'indignazione, ogni volta che sei testimone di un'ingiustizia allora siamo compagni! cit. *El Che Guevara*
- La libertà dell'individuo non è un regalo della civiltà, era sicuramente maggiore prima dell'avvento di qualunque civiltà cit. *Sigmund Freud*
- La vita è molto pericolosa, e non per le persone malvagie che fanno del male, ma per tutti gli altri che si siedono a vedere cosa capiterà cit. *Albert Einstein*
- Considero più potente l'uomo che vince sui propri desideri, piuttosto che quello che vince sui propri nemici! La vittoria più dura è quella su sé stessi. cit. *Aristotele*
- Meglio essere il Re del tuo silenzio, che schiavo delle tue parole cit. *William Shakespeare*
- Gli errori di un amico, vanno scritti nella sabbia. cit. *Pitagora*
- Come è possibile che un gruppo di sole 5 persone, sia riuscita a mostrare al mondo informazione repressa, ad un punto tale che tutta la stampa mondiale messa assieme non era mai riuscita? cit. *Julian Assange*

- Pace non è assenza di conflitto. Se le differenze restano latenti. Pace significa risolvere queste differenze con mezzi pacifici, attraverso il dialogo, l'educazione la conoscenza e modi umanitari. cit. *Dalai Lama*
- La povertà non è uno stato naturale. La povertà è creata dall'uomo e può essere superata ed eradicata solo attraverso azioni umane. Eliminare la povertà non è un atto di carità. Ma un atto di giustizia! cit. *Nelson Mandela*
- Il miglior argomento contro la democrazia, sono 5 minuti di conversazione con il votante medio cit. *Winston Churchill*
- Nessuno ricorderebbe al buon sammaritano se solo avesse avuto buone intenzioni; aveva anche denaro. cit. *Margaret Thatcher*
- Il popolo che ignori la propria storia, è condannato a ripeterla. cit. *Abraham Lincoln*
- La causa della libertà si trasforma in una beffa, se il prezzo da pagare è la distruzione di coloro i quali dovrebbero goderne *cit. Gandhi*
- Delle volte sentiamo che le nostre azioni sono soltanto una goccia nel mare, ma il mare sarebbe di meno se li mancasse una goccia. *cit. Madre Teresa di Calcutta*
- Quando guardiamo l'uomo moderno, dobbiamo affrontare il fatto che l'uomo moderno soffre di un genere di povertà

dello spirito, in completo contrasto con la sua abbondanza scientifica e tecnologica. *cit. Martin Luther King*

- Alcune persone dicono "dai al cliente quel che vuole", ma quella non è la mia visione. Il mio lavoro è scoprire cosa vorranno ancora prima che loro stessi se ne rendano conto. *cit. Steve Jobs*

- Posso calcolare il movimento di ogni corpo celeste, ma non riesco a calcolare la follia delle persone. *cit. Isaac Newton*

- Coloro che rendono la rivoluzione pacifica impossibile, stanno rendendo inevitabile una rivoluzione violenta. *cit. John F. Kennedy*

Lightning Source UK Ltd.
Milton Keynes UK
UKHW020706251120
374063UK00001B/35